쉽게

배우는

한글 손글씨

일러두기

손글씨 연습은 연필로 하는 것이 좋습니다.

연필로 두께와 강약을 조절하면서 연습하는 것이

가장 효과적입니다.

즐겨 쓰는 샤프펜슬이나 부드러운 필기용 펜을

사용하는 것도 좋습니다.

너무 진해서 뒷면에 잉크가 묻어나는 펜이나

눌러쓴 자국이 남는 볼펜은 좋지 않습니다.

쉽게

배우는

한글 손글씨

디자인이음

글씨에는 인격이 담겨 있습니다.
그 사람의 성품도 고스란히 들어 있습니다.
하지만 대충대충, 쉽게쉽게, 두루뭉술…
바쁘다는 핑계로 자신도 알아보기 힘든
글씨를 쓰고 있지는 않나요?

부끄러운 자신의 손글씨를 고치고 싶다면 도전하세요!
하루 10분, 열흘만 투자하면
바르고 예쁜 자기만의 손글씨를 만들 수 있습니다.

이 책에는 정자체부터 시작해서 흘림체, 필기체의 순으로
글자를 체계적으로 배우도록 소개하고 있습니다.
사랑, 인생, 우정과 공부에 관한 세계의 명언들을
따라 쓰다 보면 어느덧 자신에게 맞는
글씨체를 익힐 수 있을 것입니다.

목차

손 풀기   6

정자체 배우기   12

흘림체 배우기   40

필기체 배우기   68

필기체2 배우기   96

손 풀기

연필 잡기   바른 글씨는 마음가짐에서부터 출발합니다. 바르게 앉아 호흡을 가다듬으세요.
손에 힘을 빼고, 엄지손가락과 집게손가락을 둥글게 하여 연필을 가볍게 쥔 후,
가운뎃손가락으로 연필을 받칩니다.

 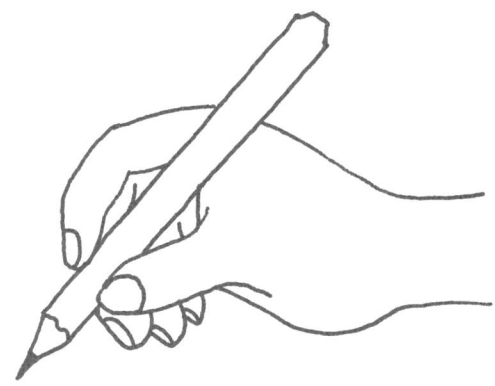

너무 세우거나 눕혀서 잡지 않도록 주의하세요.
너무 짧거나 길게 잡아도 안됩니다.
지나치게 힘이 많이 들어가지 않도록 주의하세요.

  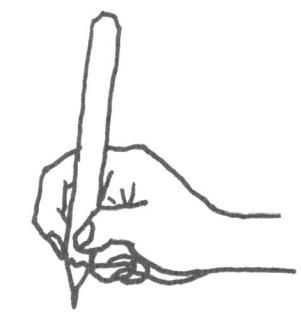

손 풀기 / _____ 월 _____ 일

선 그리기 1

글씨를 쓰기 전에 간단한 선연습을 통해서 손을 풀도록 합니다. 수평과 수직선, 원과 사선은 글씨를 이루는 기본입니다. 힘을 빼고 최대한 반듯하게 선을 그어 보세요.

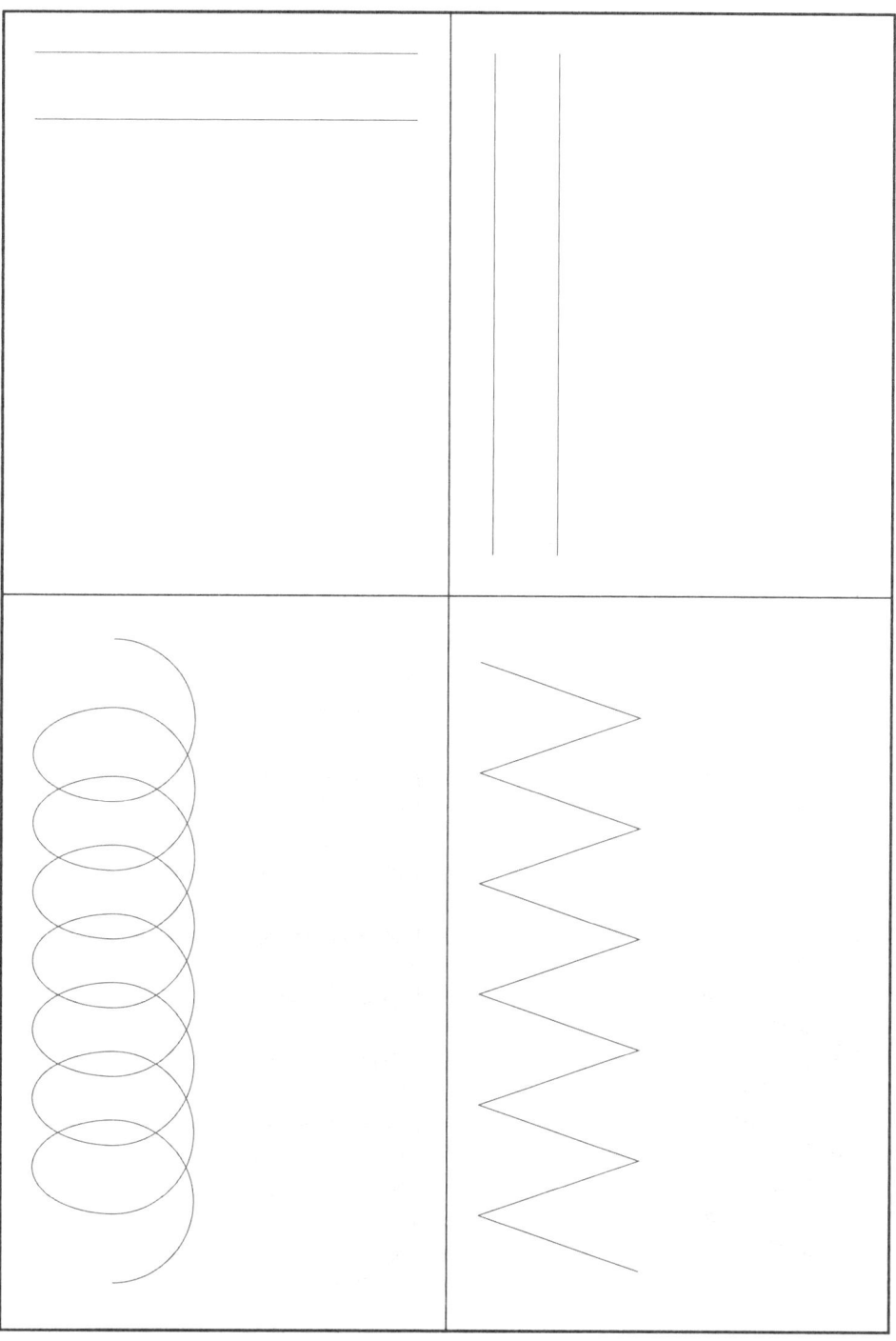

◇ 손 풀기

선 그리기2

글씨를 잘 쓰기 위해서 노트의 빈 칸에 꾸준히 선연습을 해 보세요.
반복해서 선을 그리다 보면 금방 익숙해집니다.

손 풀기 / _____ 월 _____ 일

도형 그리기

선에서 도형으로 옮겨 연습해 보세요. 잘 사용하지 않던 손의 능력을 키울 수 있습니다. 손에 익도록 평소에 도형 그리는 연습을 꾸준히 해 보세요.

◇ 손 풀기

모음과 자음 쓰기

자음과 모음은 글자를 이루는 기본입니다. 쓰는 순서를 기억하면서 자음과 모음의 모양을 익혀 보세요. 또한 자음과 모음의 변화에 따라 글자의 모양이 어떻게 달라지는가를 비교하면서 자신에게 맞는 글자를 익히도록 하세요.

ㄱ	ㄱ							
ㄴ	ㄴ							
ㄷ	ㄷ							
ㄹ	ㄹ							
ㅁ	ㅁ							
ㅂ	ㅂ							
ㅅ	ㅅ							
ㅇ	ㅇ							
ㅈ	ㅈ							
ㅊ	ㅊ							
ㅋ	ㅋ							
ㅌ	ㅌ							
ㅍ	ㅍ							
ㅎ	ㅎ							

손 풀기 / _____ 월 _____ 일

정자체

가장 기본이 되는 한글체입니다.
또박또박 바르게 써 내려가면 마음가짐도
바르고 침착해집니다.
제시된 사랑의 명언을 따라 쓰면서
자연스럽게 익혀 보세요.

정자체 배우기

자음쓰기

모음쓰기

모음과 자음쓰기

사랑 명언

짧은 문장 쓰기

긴 문장 쓰기

문단쓰기

정자체 배우기

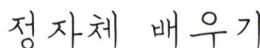

자음 쓰기

정자체는 손글씨의 기본이 되는 중요한 서체입니다.
자음이 어떻게 변하는지 주의 깊게 보면서 따라해 보세요.
최대한 반듯하게 써 보세요.

ㄱ

획의 기울기에 주의하세요. 끝은 자연스럽게 힘을 뺍니다.

가	가		
걱	걱		
고	고		
국	국		

ㄴ

나	나		
넌	넌		
노	노		
눈	눈		

ㄷ

다	다		
던	던		
도	도		
둔	둔		

ㄹ

① ② ③

ㄹ은 순서에 맞게 천천히 쓰세요. 위, 아래의 비율을 맞추세요.

라	라		
럴	럴		
로	로		
룰	룰		

정자체 배우기 /　　　월　　　일

자음은 모음의 종류에 따라 간격이나 비율이 달라집니다.
모음에 따라 변화되는 모양을 잘 기억하세요.

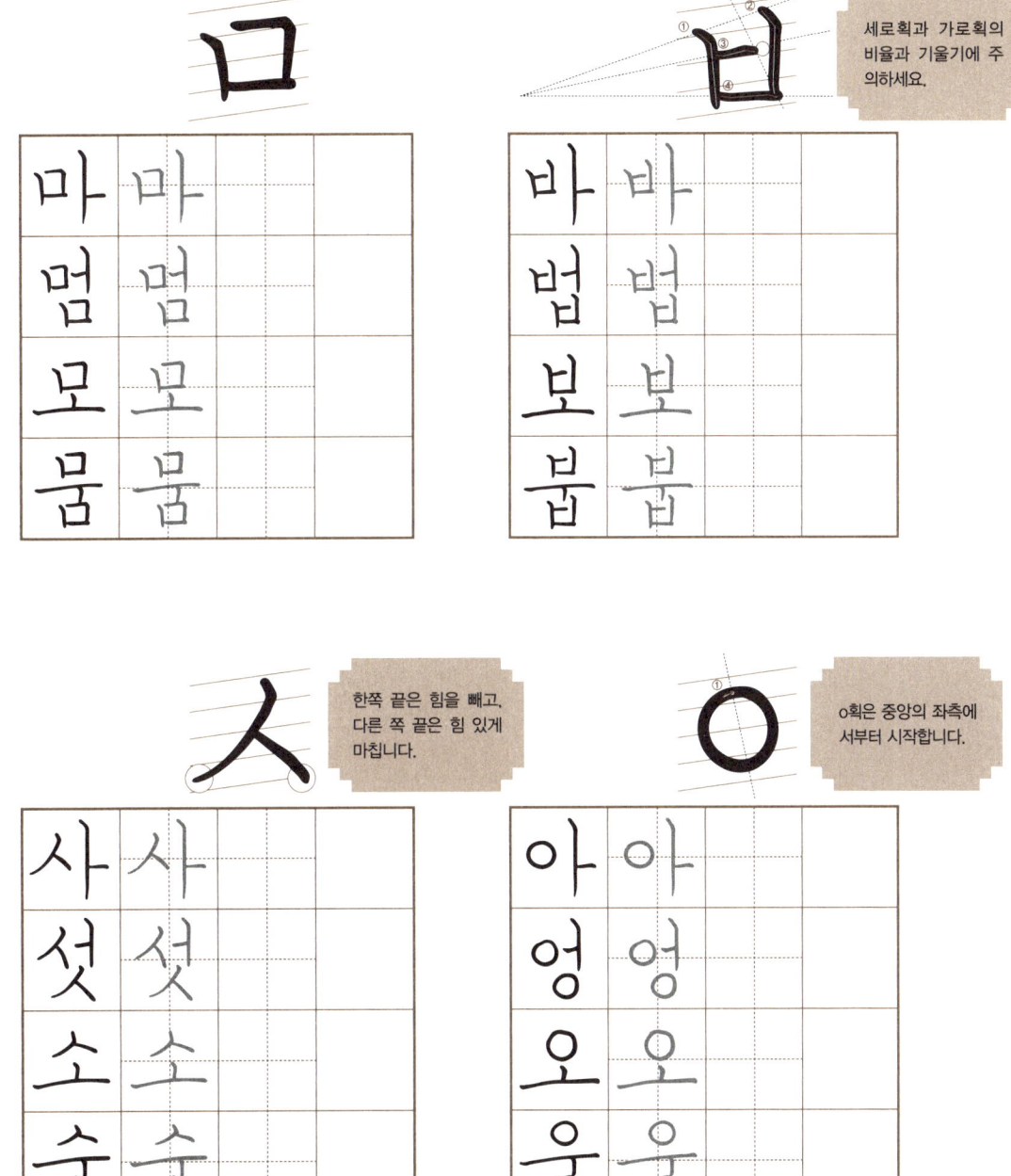

정자체 배우기

정자체는 획의 각도가 조금 기울어져 있는 것이 특징입니다.
기울기에 주의해서 써 보세요.

①, ②번 획의 기울기에 주의하여 반복해서 써 보세요.

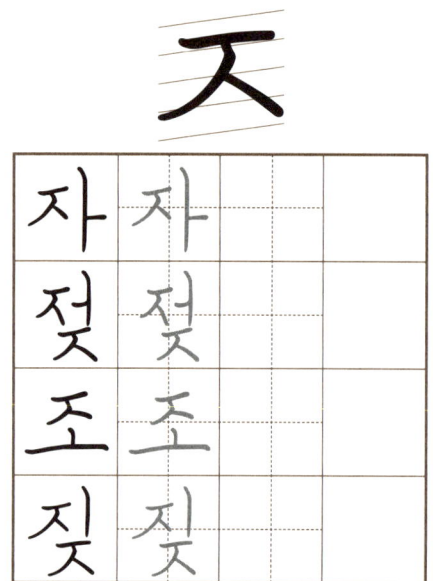

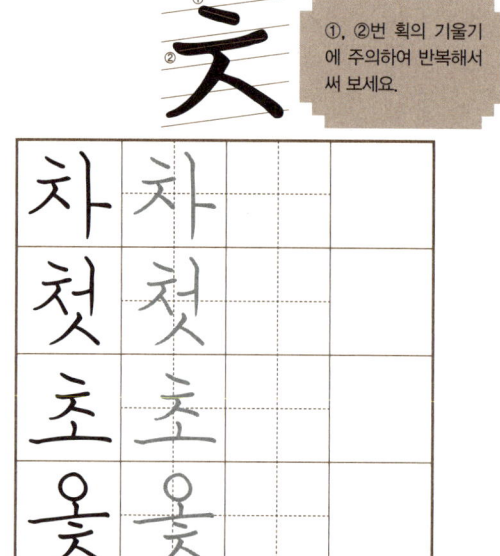

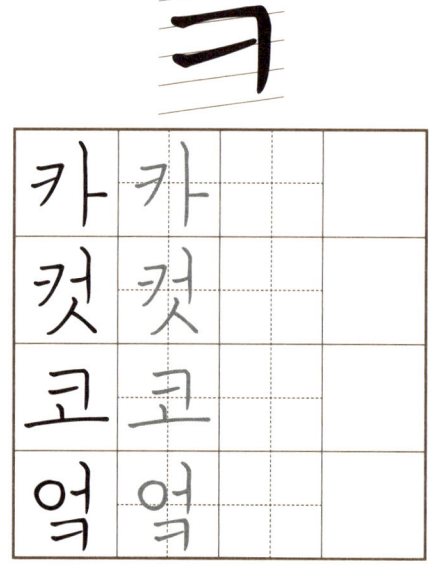

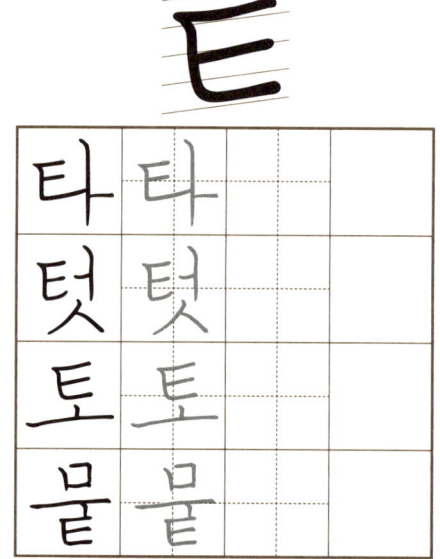

정자체 배우기 / _____ 월 _____ 일

획이 끝날 때 힘을 주거나 빼는 경우가 있습니다.
정자체에서는 정확하게 구분해 주는 것이 좋습니다.

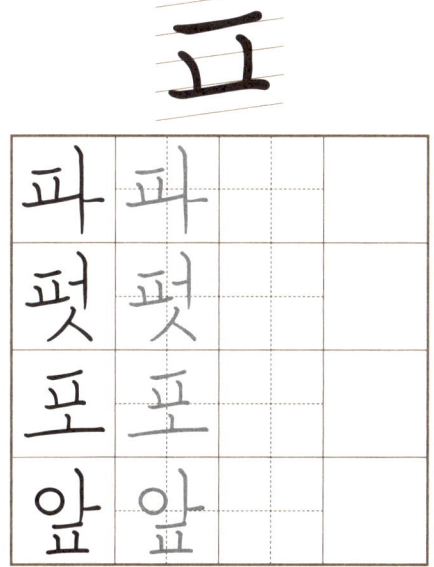

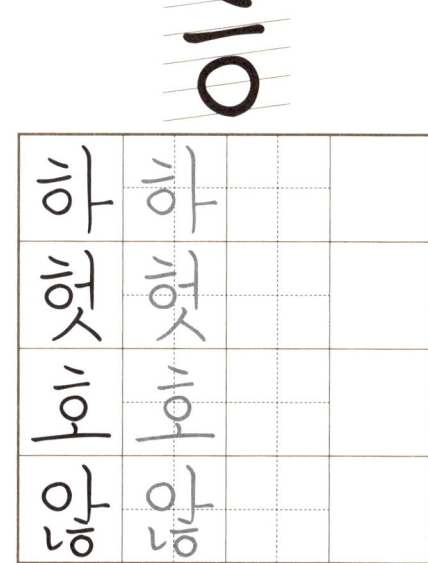

모음 쓰기

① 부드럽게 꺾는다.
③ 조금 꺾이면서 힘있게 끝난다.
② 살짝 꺾이면서 힘이 빠진다.

긴 획을 쓸 때 각이 꺾이는 것을 주의해서 써야 합니다.
각도의 기울기도 신경 쓰세요.

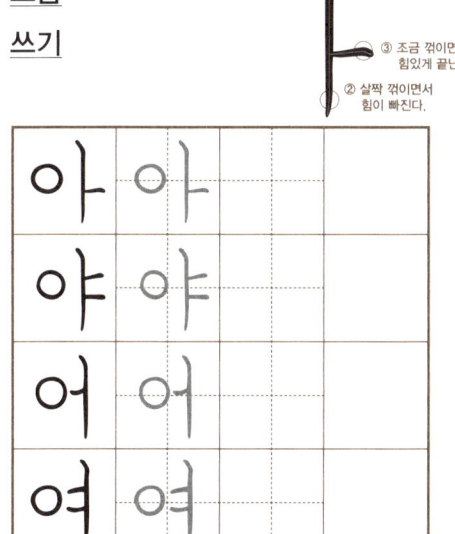

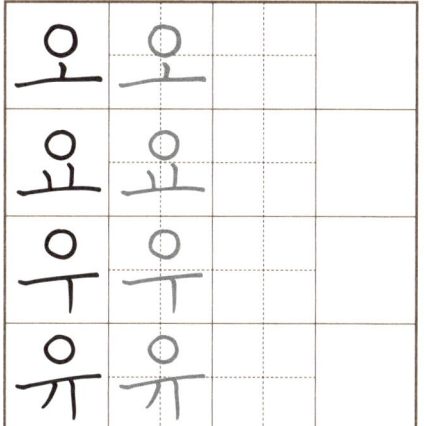

정자체 배우기

모음과 자음 쓰기

모음과 자음의 크기와 비율에 맞춰서 익혀 보세요.
정자체는 쓰는 순서에 맞춰 또박또박 정성껏 쓰는 것이 좋습니다.

가	가	가			개	개	개		
야	야	야			거	거	거		
게	게	게			겨	겨	겨		
계	계	계			고	고	고		
과	과	과			괘	괘	괘		
괴	괴	괴			교	교	교		
구	구	구			궈	궈	궈		
궤	궤	궤			귀	귀	귀		
규	규	규			그	그	그		
긔	긔	긔			기	기	기		

가	가						
나	나						
다	다						
라	라						
마	마						
바	바						
사	사						
아	아						
자	자						
차	차						
카	카						
타	타						
파	파						
하	하						

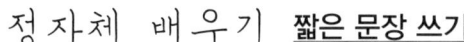

* Be silent as to services you have rendered, but speak of favours you have received. (Seneca)

당신이 행한 봉사에 대해서는

말을 아끼라, 하나 당신이 받았던

호의들에 대해서는 이야기하라.

* When you have seen as much of life as I have, you will not underestimate the power of obsessive love. (J. R. R. Tolkien)

너희들이 나만큼 인생에 대해

알게 되면 강박적인 사랑의

힘을 과소평가하진 않을 게다.

정자체 배우기

* Great services are not canceled by one act or by one single error. (Benjamin Disraeli)

위대한 봉사는 하나의 행위나

단 한 가지 실수로

없어질 수는 없다.

✽ What counts in making a happy marriage is not so much how compatible you are, but how you deal with incompatibility. (Lev Tolstoy)

행복한 결혼 생활에서 중요한 것은

행복한 결혼 생활에서 중요한 것은

서로 얼마나 잘 맞는가보다 다른

서로 얼마나 잘 맞는가보다 다른

점을 어떻게 극복해 나가는가이다.

점을 어떻게 극복해 나가는가이다.

정자체 배우기

* It's not how much we give, but how much love we put into giving. (Mother Teresa)

얼마나 많이 주느냐보다

얼마나 많이 주느냐보다

얼마나 많은 사랑을 담느냐가

얼마나 많은 사랑을 담느냐가

중요하다.

중요하다.

* Let no one ever come to you without leaving better and happier. (Mother Teresa)

당신을 만나는 모든 사람이

당신과 헤어질 때는 더 나아지고

더 행복해질 수 있도록 하라.

정자체 배우기

* One word frees us of all the weight and pain of life: That word is love. (Sophocles)

낱말 하나가 삶의 모든 무게와
낱말 하나가 삶의 모든 무게와

고통에서 우리를 해방시킨다.
고통에서 우리를 해방시킨다.

그 말은 사랑이다.
그 말은 사랑이다.

정자체 배우기 / ____ 월 ____ 일

* Life's greatest happiness is to be convinced we are loved. (Victor Hugo)

인생에 있어서 최고의 행복은

우리가 사랑 받고 있음을

확신하는 것이다.

정자체 배우기

* Honesty is the only way with anyone, when you'll be so close as to be living inside each other's skins. (Lois McMaster Bujold)

정직은 서로의 피부 속까지

정직은 서로의 피부 속까지

들어가서 살 만큼 가까워질 수

들어가서 살 만큼 가까워질 수

있는 유일한 방법이다.

있는 유일한 방법이다.

* It is better to be hated for what you are than to be loved for what you are not. (Andre Gide)

네 모습 그대로 미움 받는 것이

너 아닌 다른 모습으로

사랑받는 것보다 낫다.

정자체 배우기 <u>긴 문장 쓰기</u>

* To be brave is to love someone unconditionally, without expecting anything in return. To just give. That takes courage, because we don't want to fall on our faces or leave ourselves open to hurt. (Madonna)

용기 있다는 것은 답례로 아무것도

용기 있다는 것은 답례로 아무것도

기대하지 않고 누군가를 무조건적

기대하지 않고 누군가를 무조건적

으로 사랑하는 것이다. 사랑을 그저

으로 사랑하는 것이다. 사랑을 그저

주는 것이다. 우리는 넘어지거나

쉽게 상처 받길 원치 않으므로

사랑하려면 용기가 필요하다.

정자체 배우기

* That is the true season of love, when we believe that we alone can love, that no one could ever have loved so before us, and that no one will love in the same way after us. (Johann Wolfgang von Goethe)

우리만이 사랑할 수 있고,

우리만이 사랑할 수 있고,

이전에 그 누구도 우리만큼

이전에 그 누구도 우리만큼

사랑할 수 없었으며, 이후에

사랑할 수 없었으며, 이후에

그 누구도 우리만큼 사랑할 수

없음을 믿을 때 진정한 사랑의

계절이 찾아온다.

정자체 배우기 **단락 쓰기**

* Love is a smoke made with the fume of sighs, Being purged, a fire sparkling in lovers eyes, Being vexed, a sea nourished with lovers tears. What is it else? A madness most discreet, A choking gall and a preserving sweet. (William Shakespeare)

사랑이란 한숨으로
일으켜지는 연기, 개면 애인
눈 속에서 번쩍이는 불꽃이요,
흐리면 애인 눈물로 바다가 되네.
그게 사랑 아닌가?
가장 분별 있는 미치광이요,
또한 목을 졸라매는 쓰디쓴
약인가 하면, 생명에 활력을 주는
감로이기도 하네.

정자체 배우기 / _____ 월 _____ 일

정자체 배우기

＊ It is easy to love the people far away. It is not always easy to love those close to us. It is easier to give a cup of rice to relieve hunger than to relieve the loneliness and pain of someone unloved in our home. Bring love into your home for this is where our love for each other must start. (Mother Teresa)

멀리 있는 사람을 사랑하기는 쉽다.
가까이 있는 사람을 사랑하기란
항상 쉬운 것만은 아니다.
기아로부터 사람들을 구제하기
위해서 한 움큼의 쌀을 주는 것이
자신의 집에 있는 이의 외로움과
고통을 덜어 주는 것보다 더 쉽다.
당신의 집에 사랑을 가져다주어라.
가정이야말로 우리의 사랑이
시작되는 곳이어야 하기 때문이다.

정자체 배우기 /   월   일

정자체 배우기

* If music be the food of love, play on; Give me excess of it, that, surfeiting, The appetite may sicken, and so die. That strain again! it had a dying fall: O, it came o'er my ear like the sweet sound That breathes upon a bank of violets, Stealing and giving odour! (William Shakespeare)

| 음악이 사랑을 살찌우는 |
| 양식이라면 계속해 다오. 질리도록 |
| 들어 싫증이 나 버리면 사랑의 |
| 식욕도 또한 사라지고 말 것이 |
| 아니냐! 다시 한 번 들려다오. |
| 아스라이 사라지는 선율, |
| 귓가에 감미롭게 들린다. |
| 흡사 제비꽃 피는 언덕 위의 |
| 미풍이 몰래 꽃향기를 훔쳐 싣고 |
| 오는 것 같다. |
| |
| |
| |
| |

정자체 배우기 / _____ 월 _____ 일

흘림체

빠르면서도 예쁘게 사용할 수 있는
한글 흘림체입니다.
정자체에서 모양이 어떻게 달라졌는지
비교해 보면 나만의 개성 있는 글씨체를
만드는 데 응용할 수 있습니다.
제시된 인생의 명언을 따라 쓰면서
자연스럽게 익혀 보세요.

◇◇◇
홀림체 배우기
자음쓰기

모음쓰기

모음과 자음쓰기

◇◇◇
인생 명언
짧은 문장 쓰기

긴 문장 쓰기

끝 단쓰기

흘림체 배우기

자음 쓰기

물 흐르듯 자연스러우면서도 보기 좋은 글씨체입니다.
모음과 자음이 어떻게 변화하는지 유의하면서 익혀 보세요.
정자체와 획의 순서는 비슷합니다.

ㄱ

> 획의 끝은 힘이 빠지면서 안쪽으로 휘어집니다.

가	가		
격	격		
고	고		
국	국		

ㄴ

나	나		
넌	넌		
노	노		
눈	눈		

ㄷ

> 힘차게 시작해서 부드럽게 한 획으로 마무리합니다.

다	다		
덜	덜		
도	도		
둘	둘		

ㄹ

라	라		
럴	럴		
로	로		
룰	룰		

흘림체 배우기 / _____ 월 _____ 일

획과 획 사이의 보조선은 흐리게 쓰세요.
획과 구분되지 않으면 글자 모양이 제대로 나오지 않습니다.

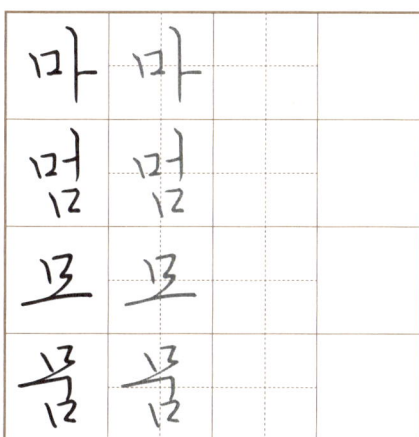

ㅅ은 모음에 따라 모양이 많이 바뀝니다. 잘 따라해 보세요.

힘 있게 시작하되 원의 모양이 찌그러지지 않도록 하세요.

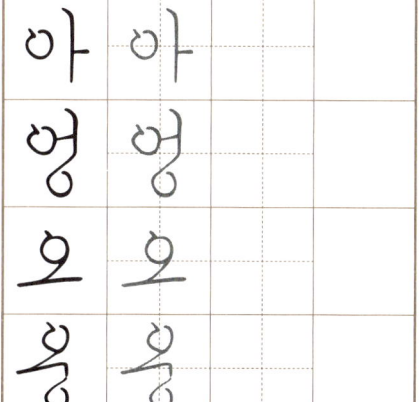

흘림체 배우기

처음엔 천천히 모양을 익히는 데 중점을 두고 써 보세요.
그다음 점점 빠르게 쓰면서 모양을 유지하도록 하세요.

ㅈ — 획은 힘 있게 시작하고 힘차게 마무리합니다.

자	자		
젖	젖		
즈	즈		
짖	짖		

ㅊ

차	차		
첯	첯		
초	초		
옻	옻		

ㅋ

카	카		
컷	컷		
코	코		
억	억		

ㅌ — ㅌ은 위아래가 분리돼 있습니다. 디귿과 비슷한 모양입니다.

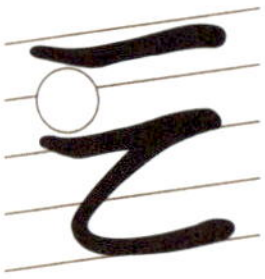

타	타		
텃	텃		
토	토		
물	물		

흘림체 배우기 /   월   일

일반 자음과 받침으로 쓰이는 자음은 모양이 다릅니다.
모양이 어떻게 달라지는지 구분해서 써 보세요.

 획과 획 사이의 떨어진 곳을 확인하면서 써 보세요.

 한 획으로 강약을 주어 자연스럽게 마무리합니다.

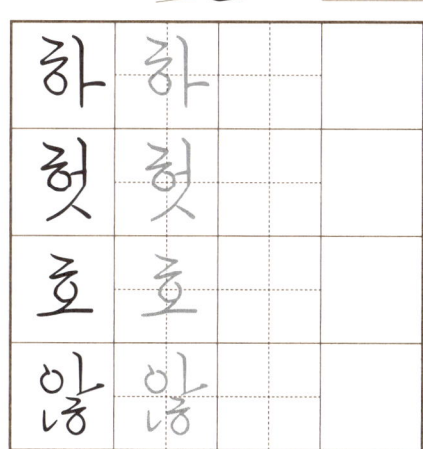

모음 쓰기

① 힘 있게 뻗는다.
② 힘을 빼고 살짝 긋는다.
③ 다시 힘을 주면서 뻗는다.

획과 보조선을 구분하여 강약의 차이를 주어야 합니다.

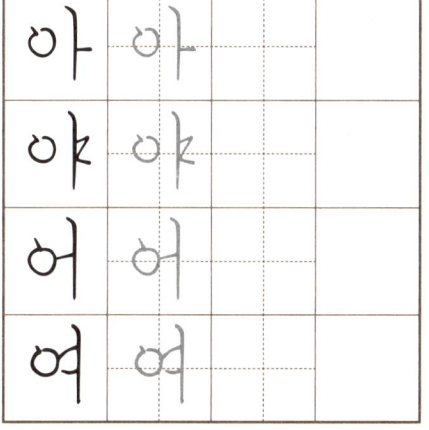

흘림체 배우기

모음과 자음 쓰기

모음과 자음을 함께 익혀 보세요.
획이 꺾이는 부분을 기억하며 써 내려가면 도움이 됩니다.
다양한 모음의 형태도 확인해 보세요.

가	가	가		개	개	개	
갸	갸	갸		거	거	거	
게	게	게		겨	겨	겨	
계	계	계		고	고	고	
과	과	과		괴	괴	괴	
괴	괴	괴		교	교	교	
구	구	구		궈	궈	궈	
궤	궤	궤		키	키	키	
규	규	규		그	그	그	
긔	긔	긔		기	기	기	

가	가							
나	나							
다	다							
라	라							
마	마							
빠	빠							
사	사							
아	아							
자	자							
차	차							
카	카							
타	타							
파	파							
하	하							

흘림체 배우기 **짧은 문장 쓰기**

* Love is an act of endless forgiveness, a tender look which becomes a habit. (Peter Ustinov)

사랑은 끝없는 용서의 행위이며,

습관으로 굳어지는 상냥한

표정이다.

* Life is like playing a violin in public and learning the instrument as one goes on. (Samuel Butler)

인생은 사람들 앞에서

바이올린을 켜면서

바이올린을 배우는 것과 같다.

흘림체 배우기

* Life is like riding a bicycle. To keep your balance you must keep moving. (Albert Einstein)

인생은 자전거를 타는 것과

인생은 자전거를 타는 것과

같다. 균형을 잡으려면

같다. 균형을 잡으려면

움직여야 한다.

움직여야 한다.

＊ The first step to getting the things you want out of life is this: Decide what you want. (Ben Stein)

인생에서 원하는 것을 얻기 위한

첫 번째 단계는 네가 무엇을

원하는지 결정하는 것이다.

홀림체 배우기

* Life is as tedious as a twice-told tale, vexing the dull ear of a drowsy man. (William Shakespeare)

인생은 같은 얘기를 또 듣는 것과

인생은 같은 얘기를 또 듣는 것과

같이 나른한 사람의 흐릿한 귀를

같이 나른한 사람의 흐릿한 귀를

거슬리게 한다.

거슬리게 한다.

흘림체 배우기 / _____ 월 _____ 일

* He that can have patience can have what he will. (Benjamin Franklin)

인내할 수 있는 사람은

그가 바라는 것은 무엇이든지

손에 넣을 수 있다.

흘림체 배우기

* To be mature means to face, and not evade, every fresh crisis that comes. (Fritz Kunkel)

성숙하다는 것은 다가오는 모든

생생한 위기를 피하지 않고

마주하는 것을 의미한다.

* A man travels the world over in search of what he needs and returns home to find it. (George Moore)

인간은 자신이 필요로 하는 것을

찾아 세계를 여행하고 집에 돌아와

그것을 발견한다.

흘림체 배우기

* Life is just a mirror, and what you see out there, you must first see inside of you. (Wally 'Famous' Amos)

인생은 거울과 같으니 비친 것을

밖에서 들여다보기보다 먼저

자신의 내면을 살펴야 한다.

* Before he sets out, the traveler must possess fixed interests and facilities to be served by travel. (George Santayana)

길을 떠나기 전 여행자는 여행에서

달성할 목적과 동기를 가지고

있어야 한다.

흘림체 배우기 **긴 문장 쓰기**

* In every aspect of our lives, we are always asking ourselves, How am I of value? What is my worth? Yet I believe that worthiness is our birthright. (Oprah Winfrey)

우리는 삶의 모든 측면에서 항상

우리는 삶의 모든 측면에서 항상

내가 가치 있는 사람일까?

내가 가치 있는 사람일까?

내가 무슨 가치가 있을까? 라는

내가 무슨 가치가 있을까? 라는

질문을 끊임없이 던지곤 합니다.

질문을 끊임없이 던지곤 합니다.

하지만 저는 우리가 날 때부터

하지만 저는 우리가 날 때부터

가치 있다 생각합니다.

가치 있다 생각합니다.

흘림체 배우기

* When we were children, we used to think that when we were grown-up we would no longer be vulnerable. But to grow up is to accept vulnerability... To be alive is to be vulnerable. (Madeleine L'Engle)

| 어린 시절 우리는 어른이 되면 |
| 어린 시절 우리는 어른이 되면 |

| 더 이상 나약하지 않을 거라 |
| 더 이상 나약하지 않을 거라 |

| 생각했다. 하지만 어른이 된다는 |
| 생각했다. 하지만 어른이 된다는 |

것은 나약함을 받아들이는 것이다.

살아 있다는 것은 나약하다는

것이다.

흘림체 배우기 **문단 쓰기**

* I decided, very early on, just to accept life unconditionally; I never expected it to do anything special for me, yet I seemed to accomplish far more than I had ever hoped. Most of the time it just happened to me without my ever seeking it. (Audrey Hepburn)

나는 매우 일찍 인생을 무조건
받아들이기로 결정했다.
나는 인생이 나를 위해 특별한
것을 해 줄 거라고는 결코 기대하지
않았다. 하지만 나는 내가
희망했던 것보다 훨씬 더 많은
것을 이룰 것 같았다. 대부분의
경우 그런 일은 내가 찾지 않아도
저절로 일어났다.

흘림체 배우기 / _____ 월 _____ 일

흘림체 배우기

* The chief lesson I have learned in a long life is that the only way to make a man trustworthy is to trust him; and the surest way to make him untrustworthy is to distrust him and show your distrust. (Henry L. Stimson)

긴 인생을 살면서 내가 배운
가장 큰 교훈이자, 누군가를
믿음직한 사람이 되게 하는 유일한
방법은 그를 신뢰하는 것이다.
누군가를 믿지 못할 사람으로
만드는 가장 확실한 방법은
그를 불신하고 그것을
드러내는 것이다.

흘림체 배우기 / ____월 ____일

흘림체 배우기

* Every human being on this earth is born with a tragedy, and it isn't original sin. He's born with the tragedy that he has to grow up. That he has to leave the nest, the security, and go out to do battle. He has to lose everything that is lovely and fight for a new loveliness of his own making, and it's a tragedy. A lot of people don't have the courage to do it. (Helen Hayes)

지구상 모든 인간은 비극을 안고
태어나는데 그 비극이란 원죄가
아니다. 인간은 어른이 되어야만
한다는 비극을 안고 태어난다.
즉 둥지와 안식을 떠나 삶이라는
전쟁터로 나서야 한다는 것이다.
사랑스러운 모든 것을 잃고
스스로 사랑스러운 것을 새로
만들어 나가기 위한 싸움을 해야만
하는데, 실로 비극이 아닐 수
없다. 많은 사람들은 이를 행할
용기가 없다.

흘림체 배우기 / _____ 월 _____ 일

필기체

또박또박 새겨 쓰는 노트 필기용서체 입니다.
모양이 귀엽고 쓰기 편해서 익혀 두면
다이어리를 쓰거나 친구에게 편지를 쓸 때도
사용하기 좋습니다.
여러 가지로 활용해 보세요.
제시된 공부에 관한 명언을 따라 쓰면서
배워 보세요.

◆◆◆
필기체 배우기
자음쓰기

모음쓰기

모음과 자음쓰기

◆◆◆
공부 명언
짧은 문장 쓰기

긴 문장 쓰기

문단쓰기

필기체 배우기

자음 쓰기

군더더기가 없고 단순해서 누구나 배우기 쉽고 모양도 예쁩니다.
글씨 크기를 유지하면서 반듯하게 써 보세요.

ㄱ

각도에 주의해서 써 보세요.

가	가			
걱	걱			
고	고			
국	국			

ㄴ

나	나			
넌	넌			
노	노			
눈	눈			

ㄷ

ㄷ은 아래 획이 더 길게 나오는 경우가 있습니다.

다	다			
덛	덛			
도	도			
둔	둔			

ㄹ

라	라			
럴	럴			
로	로			
룰	룰			

필기체 배우기 /   월   일

정자체나 흘림체와는 다르게 글자가 기울어져 있지 않습니다.
반듯하게 도형을 그리듯 쓰면 됩니다.

ㅁ은 작고 부드럽게 씁니다. 획의 순서는 달라져도 좋습니다.

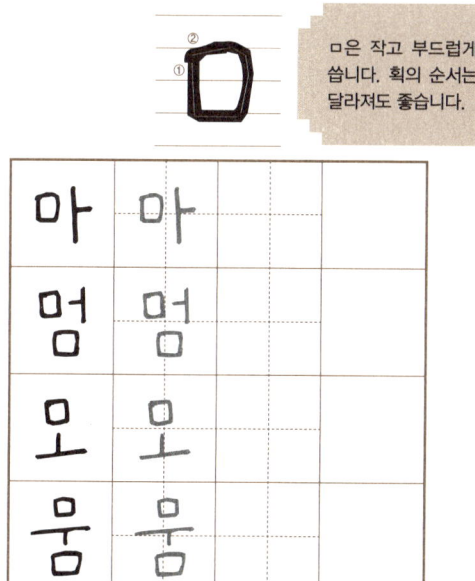

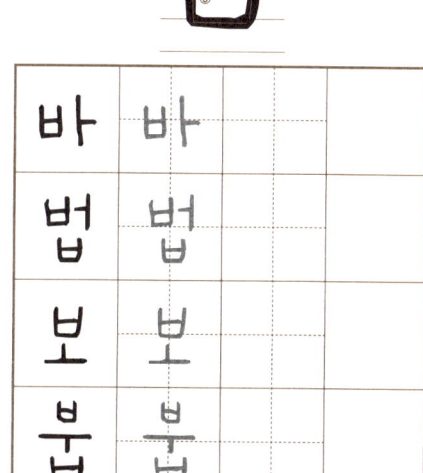

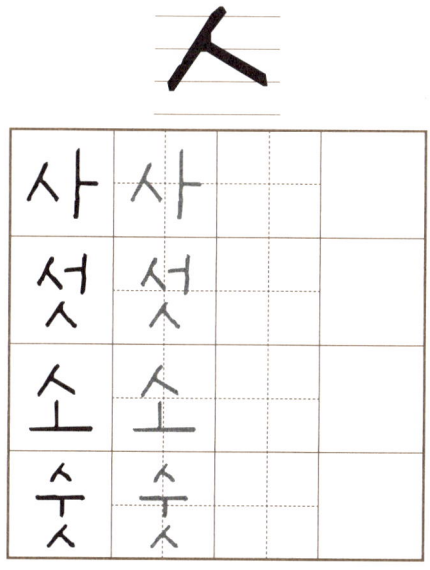

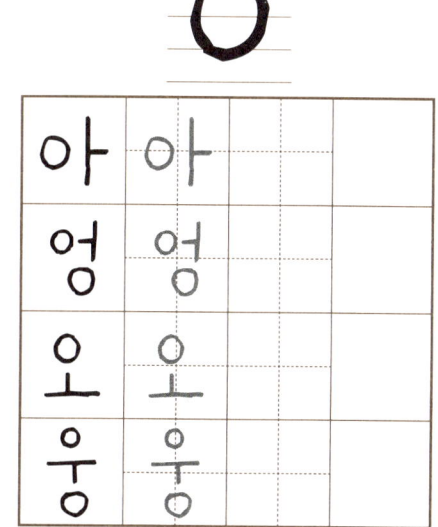

필기체 배우기

시작과 끝, 모두 힘을 일정하게 유지하면서 쓰는 것이 좋습니다.
너무 각지지 않게 부드럽게 획을 써 주세요.

①획이 너무 길어지지 않도록 주의하세요.

ㅈ

자	자			
젓	젓			
조	조			
짓	짓			

ㅊ

차	차			
첫	첫			
초	초			
웆	웆			

ㅋ

카	카			
컷	컷			
코	코			
억	억			

ㅌ

타	타			
텃	텃			
토	토			
뭍	뭍			

일반 자음보다 받침으로 쓰이는 자음이 더 크게 들어갑니다.

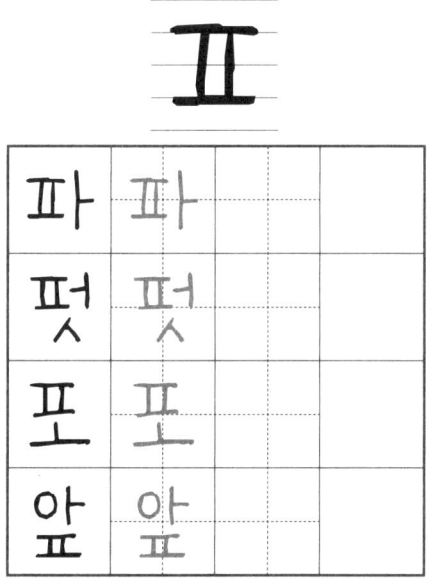

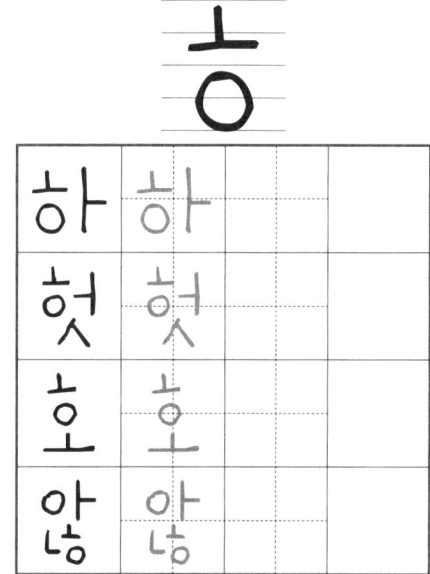

모음 쓰기 모음의 길이가 너무 길어지지 않도록 주의하세요.

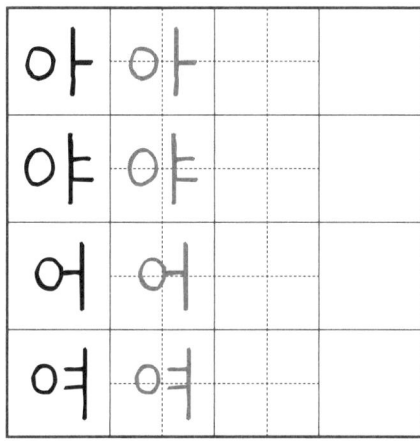

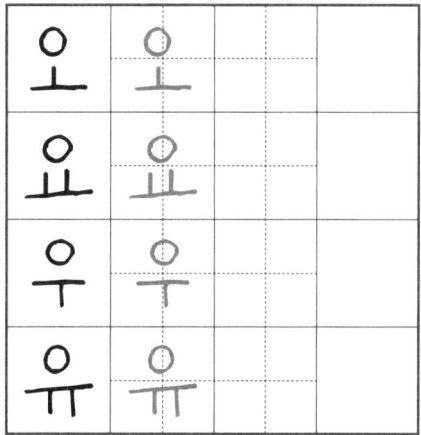

필기체 배우기

**모음과
자음
쓰기**

담백한 글씨체지만 글자의 크기나 간격, 배치를 일정하게 유지하면 예쁘게 쓸 수 있습니다. 최대한 일정한 크기로 글자를 쓰도록 하세요.

가	가	가			개	개	개		
야	야	야			거	거	거		
게	게	게			겨	겨	겨		
계	계	계			고	고	고		
과	과	과			괘	괘	괘		
괴	괴	괴			교	교	교		
구	구	구			궈	궈	궈		
궤	궤	궤			귀	귀	귀		
규	규	규			그	그	그		
긔	긔	긔			기	기	기		

가	가								
나	나								
다	다								
라	라								
마	마								
바	바								
사	사								
아	아								
자	자								
차	차								
카	카								
타	타								
파	파								
하	하								

필기체 배우기 / ____ 월 ____ 일

필기체 배우기 **짧은 문장 쓰기**

* Be nice to nerds. Chances are you'll end up working for one. (Bill Gates)

공부벌레들에게 잘해 주십시오.

나중에 그 사람 밑에서 일하게

될 수도 있습니다.

* To become an able and successful man in any profession, three things are necessary, nature, study and practice. (Henry Ward Beecher)

어떤 분야에서든 유능해지고 성공하기

위해선 세 가지가 필요하다. 타고난 천성과

공부 그리고 부단한 노력이 그것이다.

필기체 배우기

* Study without desire spoils the memory, and it retains nothing that it takes in. (Leonardo da Vinci)

목적 없는 공부는 기억에 해가 될 뿐이며,

머릿속에 들어온 어떤 것도 간직하지

못한다.

* Learning is not attained by chance, it must be sought for with ardor and attended to with diligence. (Abigail Adams)

배움은 우연히 얻어지는 것이 아니라

열성을 다해 갈구하고 부지런히

집중해야 얻을 수 있는 것이다.

필기체 배우기

*Training is everything. The peach was once a bitter almond; cauliflower is nothing but cabbage with a college education. (Mark Twain)

훈련이 전부다. 복숭아도 한때는 쓴

씨앗이었고, 꽃배추도 대학교육을 받은

양배추에 불과하다.

* What we have to do is to be forever curiously testing new opinions and courting new impressions. (Walter Pater)

우리가 해야 할 일은 끊임없이 호기심을

우리가 해야 할 일은 끊임없이 호기심을

갖고 새로운 생각을 시험해 보며

갖고 새로운 생각을 시험해 보며

새로운 인상을 받는 것이다.

새로운 인상을 받는 것이다.

필기체 배우기

* Education is the ability to listen to almost anything without losing your temper or your self-confidence. (Robert Frost)

교육이란 화를 내거나 자신감을 잃지

교육이란 화를 내거나 자신감을 잃지

않고도 거의 모든 것에 귀 기울일 수

않고도 거의 모든 것에 귀 기울일 수

있는 능력이다.

있는 능력이다.

* Education... has produced a vast population able to read but unable to distinguish what is worth reading. (G. M. Trevelyan)

교육은 읽을 줄 알지만 무엇이 읽을

교육은 읽을 줄 알지만 무엇이 읽을

가치가 있는지 모르는 수많은

가치가 있는지 모르는 수많은

사람을 배출해 냈다.

사람을 배출해 냈다.

필기체 배우기

* That is what learning is. You suddenly understand something you've understood all your life, but in a new way. (Doris Lessing)

배움이란 일생 동안 알고 있었던 것을

배움이란 일생 동안 알고 있었던 것을

어느 날 갑자기 완전히 새로운 방식으로

어느 날 갑자기 완전히 새로운 방식으로

이해하는 것이다.

이해하는 것이다.

* Education is a kind of continuing dialogue, and a dialogue assumes, in the nature of the case, different points of view. (Robert Hutchins)

교육은 일종의 계속되는 대화이고,

교육은 일종의 계속되는 대화이고,

그 대화는 세상일이 보통 그렇듯

그 대화는 세상일이 보통 그렇듯

여러 가지 관점이 있음을 인정한다.

여러 가지 관점이 있음을 인정한다.

필기체 배우기 긴 문장 쓰기

* One should guard against preaching to young people success in the customary form as the main aim in life. The most important motive for work in school and in life is pleasure in work, pleasure in its result, and the knowledge of the value of the result to the community. (Albert Einstein)

관습적인 성공을 인생의 중요한 목표라고

젊은이들에게 설교하지 말아야 한다.

학교와 인생에서 가장 큰 동기는 일의

기쁨, 그 결과에서 얻는 기쁨, 그리고

그 지역에 이바지한 가치를 아는 것이다.

필기체 배우기

∗ The important thing is not to stop questioning. Curiosity has its own reason for existing. One cannot help but be in awe when he contemplates the mysteries of eternity, of life, of the marvelous structure of reality. It is enough if one tries merely to comprehend a little of this mystery every day. Never lose a holy curiosity. (Albert Einstein)

가장 중요한 것은 질문을 멈추지 않는

가장 중요한 것은 질문을 멈추지 않는

것이다. 영원성, 생명, 현실의 놀라운

것이다. 영원성, 생명, 현실의 놀라운

구조를 숙고하는 사람은 경외감을 느끼게

구조를 숙고하는 사람은 경외감을 느끼게

된다. 매일 이러한 비밀의 실타래를
된다. 매일 이러한 비밀의 실타래를

한 가닥씩 푸는 것으로 족하다.
한 가닥씩 푸는 것으로 족하다.

신성한 호기심을 절대 잃지 말라.
신성한 호기심을 절대 잃지 말라.

필기체 배우기 문단 쓰기

* My mother drew a distinction between achievement and success. She said that 'achievement is the knowledge that you have studied and worked hard and done the best that is in you. Success is being praised by others, and that's nice, too, but not as important or satisfying. Always aim for achievement and forget about success.' (Helen Hayes)

내 어머니는 성취와 성공의 차이를
분명히 하셨다. 어머니는 말씀하셨다.
"성취란 네가 열심히 공부하고 일했으며
네가 가진 최선을 다했다는 인식이다.
성공은 남들에게 추앙받는 것이며,
이것이 멋진 일이긴 하나 그렇게
중요하거나 만족을 주는 것은 아니다.
항상 성취를 목적으로 삼고 성공에
대해선 잊어라."

필기체 배우기 /   월   일

필기체 배우기

* Perhaps the most valuable result of all education is the ability to make yourself do the thing you have to do, when it ought to be done, whether you like it or not; it is the first lesson that ought to be learned; and however early a man's training begins, it is probably the last lesson that he learns thoroughly. (Thomas H. Huxley)

아마도 모든 교육을 통해 얻을 수 있는
가장 귀중한 결과는, 할 일이 있을 때
좋든 싫든 그것을 하게 하는 능력이다.
그것이 맨 처음 배워야 할 교훈이다.
그것은 또한 얼마나 일찍부터 교육
받았는지와 관계 없이 교육 받은 자가
완전히 이해하게 되는 마지막 교훈일
것이다.

필기체 배우기 /   월   일

필기체 배우기

* Passive acceptance of the teacher's wisdom is easy to most boys and girls. It involves no effort of independent thought, and seems rational because the teacher knows more than his pupils; it is moreover the way to win the favour of the teacher unless he is a very exceptional man. Yet the habit of passive acceptance is a disastrous one in later life. It causes man to seek and to accept a leader, and to accept as a leader whoever is established in that position. (Bertrand Russell)

대부분의 아이들에게 교사의 지혜를
수동적으로 수용하는 것은 쉬운 일이다.
여기에는 독자적으로 사고하려는 노력도
없고, 교사가 학생보다 많이 알기 때문에
합당해 보이기도 한다. 더욱이 극히
예외적인 교사를 제외하면 교사에게
잘 보이는 방법이기도 하다. 그러나
수동적으로 수용하는 습관은 이후의
삶에서 재앙과도 같다.
지도자를 찾고 받아들이게 하며,
그 지위에 오른 자면 누가 되었든
지도자로 인정하게 만든다.

필기체 배우기 /   월   일

◆◆◆ 필기체 2

비스듬히 누워 있는 모양의 발랄하고 귀여운 필기체입니다.
빠르게 필기하기 좋고 모양도 예뻐서 일상 속에서 활용하기 좋은 서체입니다.
제시된 우정에 관한 명언을 따라 쓰면서 배워 보세요.

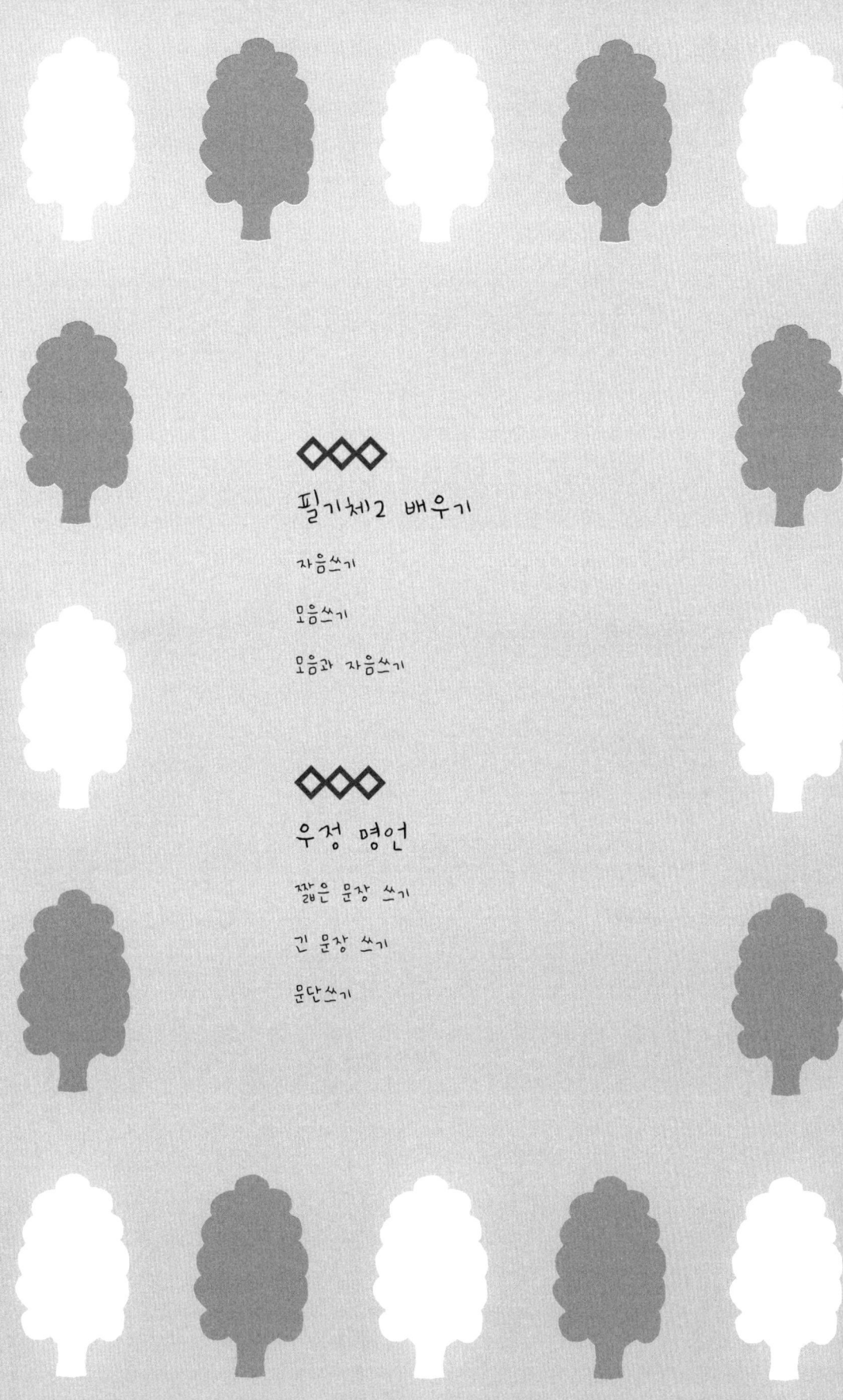

필기체2 배우기

**자음
쓰기**

글씨를 빠르고 예쁘게 쓰기 위해서는 순서가 바뀌거나 생략되기도 합니다. 자신의 개성에 맞춰 활용할 수 있도록 쓰는 방법을 생각하면서 따라 해 보세요.

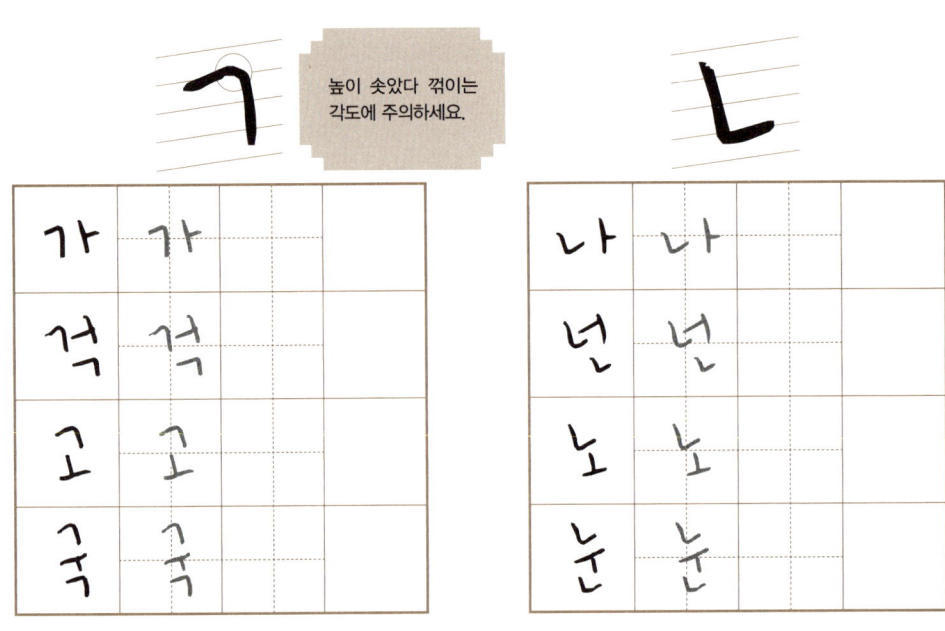

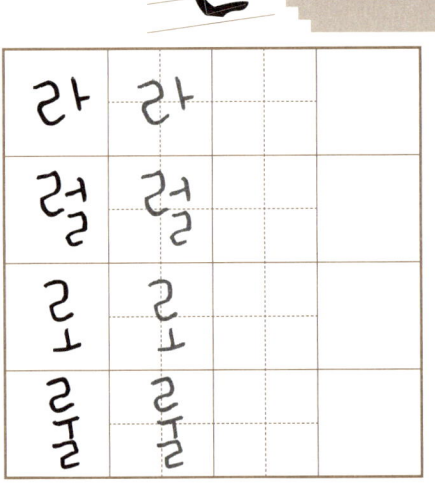

필기체2 배우기 / _____ 월 _____ 일

필기체는 획이 약간씩 휘어 있습니다. 글씨를 반복해서 쓰다가 손에 익으면 펜이 가는대로 선이 자연스럽게 곡선을 그리도록 하세요.

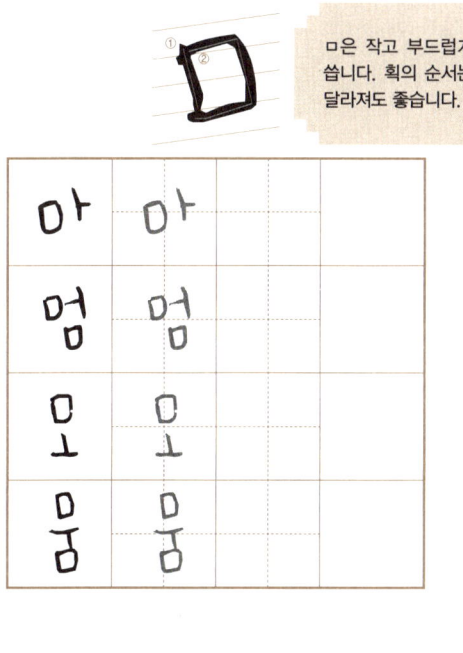

ㅁ은 작고 부드럽게 씁니다. 획의 순서는 달라져도 좋습니다.

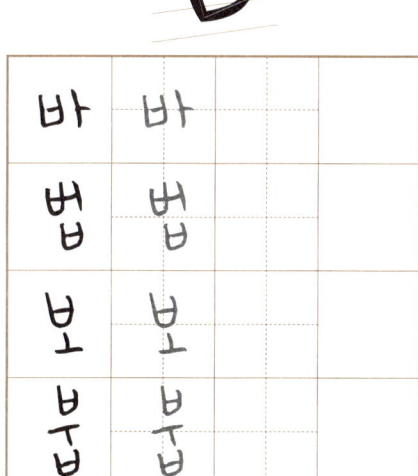

모음에 따라 ②획의 시작점이 달라집니다.

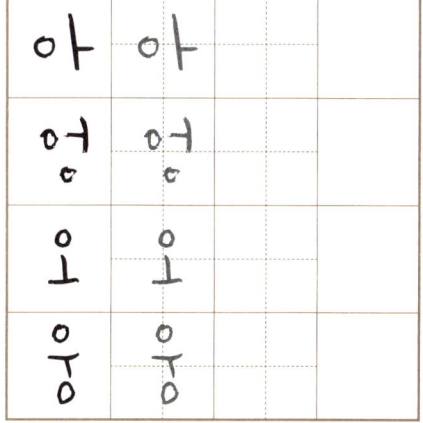

정확한 원이 아니어도 괜찮습니다. 작게 쓰면 귀엽습니다.

필기체2 배우기

ㅋ과 ㅌ의 모양처럼 정답은 없습니다. 자신에게 맞는 자음의 모양과 쓰는 방법을 선택해서 연습해 보세요.

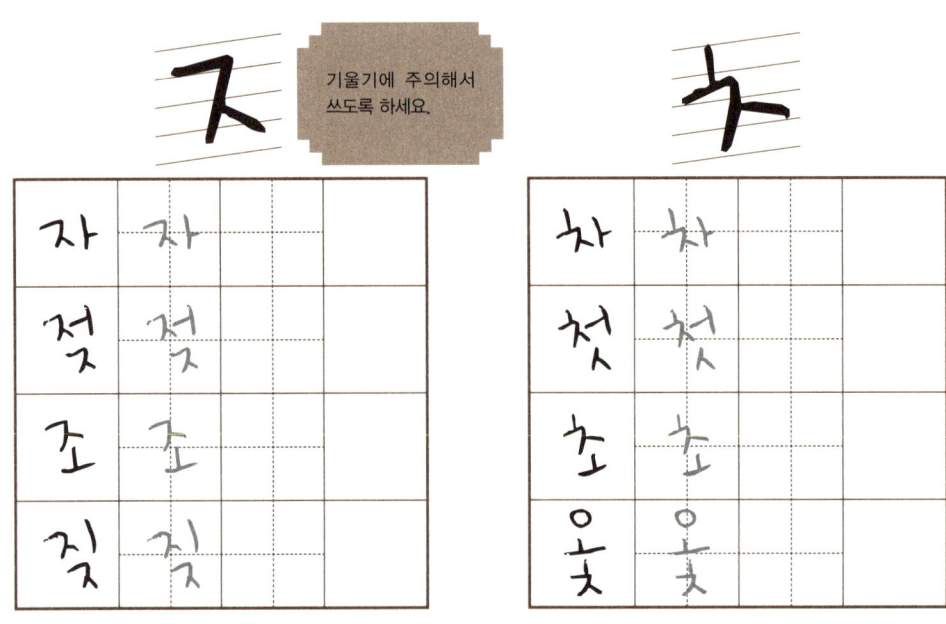

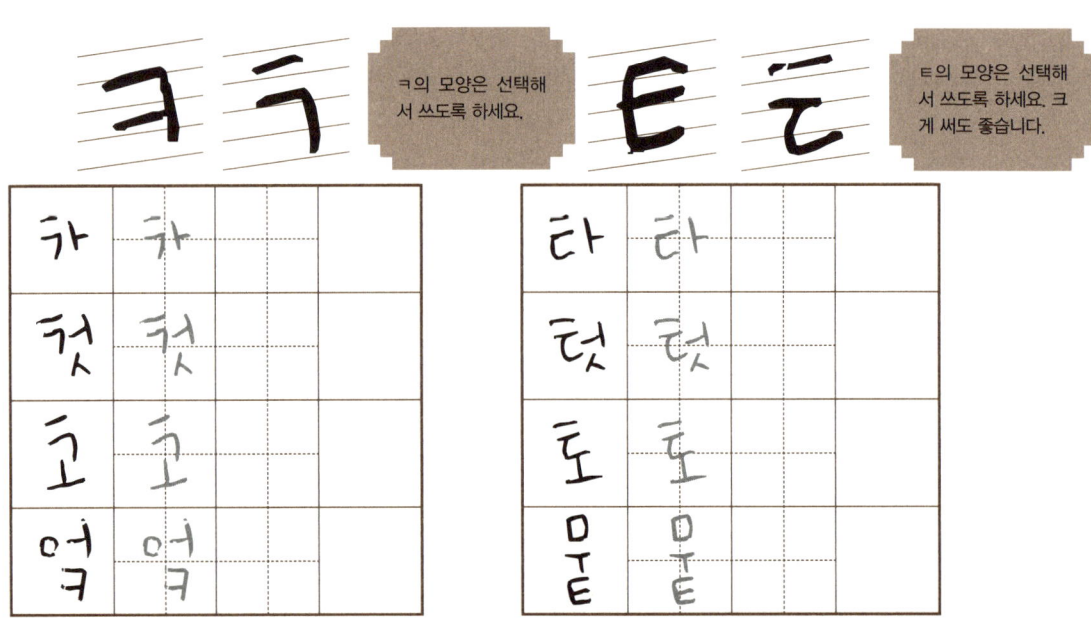

필기체2 배우기 / ____월 ____일

ㅍ은 큼직하게 쓰면 귀엽습니다.

ㅗ와 ㅇ의 간격을 넉넉하게 두고 씁니다.

파	파			
펏	펏			
포	포			
앞	앞			

하	하			
헛	헛			
호	호			
앙	앙			

모음 쓰기

모음의 획은 짧게 씁니다.
획이 자연스럽게 휘어지는 것도 좋습니다.

아	아			
야	야			
어	어			
여	여			

오	오			
요	요			
우	우			
유	유			

필기체2 배우기

**모음과
자음
쓰기**

모음은 짧게, 자음은 각을 부드럽게 굴리면서 귀엽게 쓰도록 합니다.
모든 글자의 기울기와 크기는 통일하는 것이 좋습니다.

가	가							
나	나							
다	다							
라	라							
마	마							
바	바							
사	사							
아	아							
자	자							
차	차							
카	카							
타	타							
파	파							
하	하							

* We secure our friends not by accepting favors but by doing them. (Thucydides)

친구를 얻는 방법은 그에게 부탁을

들어달라고 하는 것이 아니라 내가

부탁을 들어주는 것이다.

* Nothing changes your opinion of a friend so surely as success - yours or his. (Franklin P. Jones)

너의 성공이나, 친구의 성공만큼

확실하게 친구에 대한 너의 생각을

바꾸 주는 것은 없다.

필기체2 배우기

* To help a friend in need is easy, but to give him your time is not always opportune. (Charlie Chaplin)

친구가 어려울 때 돕기는 쉽지만,

친구가 어려울 때 돕기는 쉽지만,

당신의 시간을 친구에게 내주는 게 항상

당신의 시간을 친구에게 내주는 게 항상

시의적절할 수는 없다.

시의적절할 수는 없다.

* I always like to know everything about my new friends, and nothing about my old ones. (Oscar Wilde)

나는 언제나 새 친구들에 대한 모든
나는 언제나 새 친구들에 대한 모든

것을 알고 싶으며, 옛 친구들에
것을 알고 싶으며, 옛 친구들에

대해서는 아무것도 알고 싶지 않다.
대해서는 아무것도 알고 싶지 않다.

필기체2 배우기

＊Our critics are our friends; they show us our faults. (Benjamin Franklin)

우리의 비평가들은 우리의 친구들이다.

우리의 비평가들은 우리의 친구들이다.

그들은 우리에게 우리의 잘못을 보여 주기

그들은 우리에게 우리의 잘못을 보여 주기

때문이다.

때문이다.

* I no doubt deserved my enemies, but I don't believe I deserved my friends. (Walt Whitman)

내게 적이 있을 만 하다는 데 의심의

여지가 없으나, 친구가 있을 만하다는

생각은 들지 않는다.

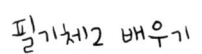 필기체2 배우기

* He who has a thousand friends has not a friend to spare, And he who has one enemy will meet him everywhere. (Ali ibn-Abi-Talib)

천 명의 친구가 있어도 의지할 친구
천 명의 친구가 있어도 의지할 친구

하나 없고, 한 명의 적이 있어도
하나 없고, 한 명의 적이 있어도

어딜 가나 그를 만나게 될 것이다.
어딜 가나 그를 만나게 될 것이다.

* Never explain - your friends do not need it and your enemies will not believe you anyway. (Elbert Hubbard)

설명하지 마라. 친구라면 설명할
설명하지 마라. 친구라면 설명할

필요가 없고, 적이라면 어차피 당신을
필요가 없고, 적이라면 어차피 당신을

믿으려 하지 않을 테니까.
믿으려 하지 않을 테니까.

필기체2 배우기

* If you would win a man to your cause, first convince him that you are his sincere friend.
(Abraham Lincoln)

만약 누군가를 당신의 편으로 만들고
만약 누군가를 당신의 편으로 만들고

싶다면, 먼저 당신이 그의 진정한
싶다면, 먼저 당신이 그의 진정한

친구임을 확신시켜라.
친구임을 확신시켜라.

* The advice of friends must be received with a judicious reserve; we must not give ourselves up to it and follow it blindly, whether right or wrong. (Pierre Charron)

친구의 충고는 신중하게 곱씹어 받아들여야
한다. 옳건 그르건, 자신의 생각을 포기하고
친구의 충고를 무조건 따라서는 안 된다.

필기체2 배우기 긴 문장 쓰기

* We are not enemies but friends. We must not be enemies. Though passion may have strained it must not break our bonds of affection. The mystic cords of memory shall swell when again touched, as surely they will be, by the better angels of nature. (Abraham Lincoln)

우리는 적이 아니라 친구다.

우리는 적이 아니라 친구다.

우리가 서로 적이 되어서는 안된다.

우리가 서로 적이 되어서는 안된다.

감정이 상했다고 서로 애정의

감정이 상했다고 서로 애정의

유대관계를 끊어서도 안된다.
유대관계를 끊어서도 안된다.

분명 선량한 본성이 다시 기억의
분명 선량한 본성이 다시 기억의

신비로운 현을 튕길 것이다.
신비로운 현을 튕길 것이다.

필기체2 배우기

* The world is so empty if one thinks only of mountains, rivers and cities, but to know that there is someone who, though distant, thinks and feels with us -- this makes the earth for us an inhabited garden. (Johann Wolfgang von Goethe)

산, 강, 그리고 도시만을 생각한다면
산, 강, 그리고 도시만을 생각한다면

세상은 공허한 곳이지만, 비록
세상은 공허한 곳이지만, 비록

멀리 떨어져 있더라도 우리와 같이
멀리 떨어져 있더라도 우리와 같이

생각하고 느끼는 그 누군가가 있다는

사실을 알면 지구는 사람이 사는

정원이 될 것이다.

필기체2 배우기 **문단 쓰기**

* Don't flatter yourself that friendship authorizes you to say disagreeable things to your intimates. The nearer you come into relation with a person, the more necessary do tact and courtesy become. Except in cases of necessity, which are rare, leave your friend to learn unpleasant things from his enemies; they are ready enough to tell them. (Oliver Wendell Holmes)

친구라고 해서 불쾌한 말을 해도 된다고 생각하지 말라. 누군가와 가까운 관계가 될수록, 현명하고 예의 바르게 행동하는 것이 중요하다. 가끔 부득이한 경우를 제외하고, 친구로 하여금 불쾌한 말은 적에게서 듣도록 놔두라. 적들은 이미 그런 말을 거리낌 없이 할 준비가 되어 있다.

필기체2 배우기 /   월   일

필기체2 배우기

* Innovation has nothing to do with how many R&D dollars you have. When Apple came up with the Mac, IBM was spending at least 100 times more on R&D. It's not about money. It's about the people you have, how you're led, and how much you get it. (Steve Jobs)

혁신은 연구 개발 자금을 얼마나 갖고
있느냐와 상관없습니다. 애플이
매킨토시를 출시했을 때 IBM은
연구 개발에 최소 100배 이상의
비용을 쏟고 있었습니다.
돈이 문제가 아닙니다. 어떤 인력을
갖고 있느냐, 어떤 방향으로
가느냐, 결과가 얼마나 나오느냐에
관한 문제입니다.

필기체2 배우기 /   월   일

필기체2 배우기

* When Alexander the Great visited Diogenes and asked whether he could do anything for the famed teacher, Diogenes replied: 'Only stand out of my light.' Perhaps some day we shall know how to heighten creativity. Until then, one of the best things we can do for creative men and women is to stand out of their light. (John W. Gardner)

알렉산더 대왕이 디오게네스를 찾아가 그와 같은 현인을 위해 자기가 뭘 해 줄 수 있을지 물었다. 디오게네스는 "빛을 가리고 계시니 비켜서 주십시오." 라고 말했다. 언젠가 창의력을 증진시키는 방법을 알게 될 지도 모르겠다. 그러나 그전까지 우리가 할 수 있는 최선은 창의적인 이들 앞에 서서 빛을 가리지 않는 것이다.

필기체2 배우기 /   월   일

따라쓰기 서체	
정자체	문체부 쓰기 정체
흘림체	문체부 쓰기 흘림체
필기체	홍적체
필기체2	거승체

1판 1쇄 발행   2014년 1월 27일
1판 7쇄 발행   2025년 9월 01일

지은이	디자인이음 편집부
발행인	이상영
편집인	서상민
펴낸곳	디자인이음

등록일	2009년 2월 4일 : 제 300-2009-10호
주소	서울시 종로구 효자동 62
전화	02-723-2556
팩스	02-723-2557
이메일	designeum@naver.com
블로그	blog.naver.com/designeum
인스타그램	@design_eum

ISBN 978-89-94796-20-8   13640

이 도서의 국립중앙도서관 출판시도서목록(CIP)은 서지정보유통지원시스템 홈페이지(http://seoji.nl.go.kr)와
국가자료공동목록시스템(http://www.nl.go.kr/kolisnet)에서 이용하실 수 있습니다. (CIP제어번호 : CIP2014000681)